CON GRIN SU CONOCIMIENTOS VALEN MAS

AF141650

- Publicamos su trabajo académico, tesis y tesina

- Su propio eBook y libro - en todos los comercios importantes del mundo

- Cada venta le sale rentable

Ahora suba en www.GRIN.com
y publique gratis

Miguel Ángel Guerrero Ramos

Los efectos negativos del paradigma de la competividad hipermoderna

GRIN Publishing

Bibliographic information published by the German National Library:

The German National Library lists this publication in the National Bibliography; detailed bibliographic data are available on the Internet at http://dnb.dnb.de .

This book is copyright material and must not be copied, reproduced, transferred, distributed, leased, licensed or publicly performed or used in any way except as specifically permitted in writing by the publishers, as allowed under the terms and conditions under which it was purchased or as strictly permitted by applicable copyright law. Any unauthorized distribution or use of this text may be a direct infringement of the author s and publisher s rights and those responsible may be liable in law accordingly.

Imprint:

Copyright © 2013 GRIN Verlag GmbH
Print and binding: Books on Demand GmbH, Norderstedt Germany
ISBN: 978-3-656-55561-2

This book at GRIN:

http://www.grin.com/es/e-book/265850/los-efectos-negativos-del-paradigma-de-la-competitividad-hipermoderna

GRIN - Your knowledge has value

Since its foundation in 1998, GRIN has specialized in publishing academic texts by students, college teachers and other academics as e-book and printed book. The website www.grin.com is an ideal platform for presenting term papers, final papers, scientific essays, dissertations and specialist books.

Visit us on the internet:

http://www.grin.com/

http://www.facebook.com/grincom

http://www.twitter.com/grin_com

Los efectos negativos del paradigma de la competitividad hipermoderna

Miguel Ángel Guerrero Ramos

© del texto: Miguel Ángel Guerrero Ramos

© de esta edición: La Lluvia de una Noche

2013

Los efectos negativos del paradigma de la competitividad hipermoderna

Resumen: El ser competitivo ha venido convirtiéndose a lo largo de los siglos en un valor de alta estima social en el sistema económico capitalista. Hoy en día se educa y se vive y se piensa en ser competitivo, en tener una empresa competitiva, un rendimiento competitivo o en sobresalir a como dé lugar en un mundo altamente competitivo. Todos los demás valores se desprenden de una u otra forma de allí. Hoy en día se cree incluso que una calidad de vida notable o el mayor bienestar social posible se consiguen, por ejemplo, si un determinado Estado o una determinada región, es altamente competitiva. Esta situación puede resultar sin duda muy ventajosa para cuestiones como la innovación o la productividad, pero de igual forma acarrea ciertas consecuencias negativas que bien podrían hacer que nos preguntemos si no es mejor que la competitividad deje de tener un peso tan sobresaliente y preponderante en el ámbito institucional. Unas consecuencias que pueden hacer que nos preguntemos si no es mejor abogar por que sea la cooperación y no la competitividad, el valor que lo permee todo, y lo configure todo.

Introducción

Durante todos estos primeros años del siglo XXI, la doctrina neoliberal que ha orientado el sistema económico que conocemos como capitalismo, ha venido desplegándose como una doctrina ampliamente cimentada desde el ámbito institucional en el valor de la competitividad. De hecho, el régimen capitalista más salvaje no es sino el régimen más competitivo. Desde ese punto de vista, se puede decir que el capitalismo del mundo de hoy no sólo se basa en los postulados del libre mercado, o en los postulados de una economía mixta de mercado en sus mejores y más positivos casos, como sí en un complejísimo y diversificado discurso que legitima ciertos valores por sobre otros. De ahí que se pueda aseverar que dicho sistema económico tampoco se basa únicamente en esas ansias tan modernas y antitradicionales de querer alcanzar el "desarrollo" mediante la industrialización. En ese orden de ideas, el valor de la competitividad puede que sea el más paradigmático, el más sobresaliente y el de mayor consideración dentro de aquella doctrina económica que es la neoliberal. El valor con mayor aceptación en los más hegemónicos e influyentes entramados discursivos de la actualidad.

Partiendo de aquella idea, en el presente texto hablaré de forma reflexiva y general sobre los efectos negativos que ha tenido hasta ahora el hecho de que el principal sistema económico a nivel mundial se halle inmerso de lleno en el valor de la competitividad. Cabe aclarar que no se trata de darle un enfoque esencialistamente negativo o malo a la competitividad en sí misma, sino en analizar cómo la sociedad capitalista actual se fundamenta sobre dicho paradigma como pilar o valor principal o como principal factor neurálgico y configurador. Se trata, por ende, de indagar no solo en las distintas ventajas que un enfoque competitivo puede brindarle a un sistema económico, que claro que las hay varias, sino de indagar en los efectos negativos los cuales podrían llegar a pesar mucho más en una hipotética balanza comparativa, que los posibles efectos positivos. Tomando en cuenta dicho punto, la propuesta que se encontrará en el presente texto, no será propiamente la de erradicar el valor de la competitividad económica con todo el grupo de valores que se desprenden o se desglosan de ella. Un grupo de valores que, de acuerdo con la sociología del trabajo, serían los valores del emprendedor, los de los empresarios que hacen patria e incluso el de la misma innovación, entre muchos otros.

Ahora bien, antes de mencionar la propuesta del presente texto en torno a la cuestión de la competitividad, hay que hablar sobre los llamados efectos negativos. Es decir, hay que empezar por decir que el hecho de que hoy en día exista un alto y diversificado grado de competitividad en una economía de productos de masa que tienen una vida muy corta, conlleva, por ejemplo, consecuencias de innegable índole negativa en el medio ambiente. Consecuencias como la de un cambio climático adverso a nivel global, o como la disminución de la capa de ozono, o la pérdida de biodiversidad. Pero además de ello, que de por sí ya es sumamente grave, la competitividad como valor (porque hoy en día es considerada como un valor muy reconocido y hasta digno de elogiar) también conlleva serias consecuencias negativas en el entorno social y humano. Más exactamente en la forma en la que nos relacionamos los unos con los otros, y en especial en la forma en la que nos relacionamos económica y laboralmente. En otras palabras, la competitividad, como guía central de nuestras sociedades y de la doctrina neoliberal, conlleva la paulatina desflexibilización de los mercados de trabajo, la desregularización y la desaparición de los aspectos más cooperativos y humanos del antiguo Estado de Bienestar, la creación de entornos de economía sumergida (Sassen, 2003), un alto grado de migraciones humanas por parte de personas que desean buscarse una vida mejor, y desigualdades de género y raza, entre muchos otros fenómenos sociales que tienden más a separarnos que a unirnos como especie o como pertenecientes a una misma familia biológica y social.

Por otra parte, hay que tener en cuenta que el valor de la competitividad que es propugnado y defendido por las más altas instancias institucionales del ámbito internacional de hoy en día, tiene un gran número de contradicciones. Entre dichas contradicciones se destaca la de que las naciones hegemónicas mantienen un discurso en el cual propugnan por la competitividad, pero en la práctica utilizan políticas económicas y migratorias estrictamente proteccionistas, así como unas políticas de manejo cambiario bastante rígidas. Sí, todo un enorme agregado de políticas gubernamentales diseñadas a conveniencia propia.

Finalmente, luego de hablar de forma reflexiva y un poco más a fondo sobre la competitividad, aunque de forma también un tanto breve y esquemática (debido a lo cual no presentaré o bosquejaré ciertos debates tradicionales y de fondo como qué es exactamente el capitalismo o la doctrina neoliberal), presentaré la idea de que las principales instituciones en el orden capitalista actual, bien podrían reemplazar el concepto de competitividad como valor principal en las relaciones mercantiles a lo largo y ancho del mundo, por un concepto nuevo. Más exactamente por el concepto de *cooperación integral*. Un concepto que será ampliado en su debido momento.

El paradigma del desarrollo y la idea de competitividad

Antes de entrar propiamente en materia, cabría agregar uno que otro dato sobre la idea o concepto mismo de competitividad. Al respecto, se dice que en un marco global, la competitividad hace referencia principalmente a cierta capacidad. A la capacidad que tienen los países para aumentar de una forma sostenida la presencia de sus productos en los mercados internacionales e internos OCDE (1992, citada por Galindo y Méndez, 2012). En un marco más local, puede referirse a la misma capacidad pero no en los países sino en las empresas. Entendida de esta forma, nuestra idea de competitividad solamente se adscribiría al ámbito de los productos y más exactamente a la forma de obtener el mayor beneficio posible de sus respectivos intercambios. No obstante, la idea que se tiene hoy en día de la competitividad es una idea que también contempla los distintos factores que afectan la eficiencia productiva, tal como el factor humano[1]. De allí que se pueda decir lo siguiente:

Desde esta perspectiva, nos encontramos con que la competitividad estaría vinculada con aspectos tales como la capacidad de innovar, mercados eficientes, dotación y utilización de factores productivos y las características de la organización empresarial, pero por otro lado, estos actores estarían a su vez relacionados con otros, tales como la calidad de la educación (Galindo y Méndez, 2011, p. 239).

De modo que hoy en día se entiende que la productividad competitiva de un país, se encuentra estrecha y directamente relacionada con el bienestar humano. Se entiende que unos altos índices de bienestar en una determinada región del planeta, se consigue con altas rentas para sus ciudadanos. Ahora bien, acerca del concepto de bienestar humano, podría decirse que en el mundo actual subsisten dos concepciones hegemónicas que, no obstante, parecen no complementarse adecuadamente entre sí. Se trata de una concepción de tipo social y poco economicista que sostiene que el bienestar humano y la calidad de vida se obtienen mediante las llamadas oportunidades (una postura defendida por Naciones Unidas mediante su Índice de Desarrollo Humano IDH). La otra concepción es de índole económica y es muy propia de ámbitos productivos, y es aquella según la cual altas rentas para los ciudadanos mejoran notablemente el bienestar y la calidad de vida de las personas. Ambos enfoques, cabe agregar, están basados en el

---

[1] Sobre el concepto de competitividad, también podemos decir que "según la definición del Consejo Europeo de Lisboa (2000), la competitividad de un país es la capacidad de mejora sostenida del nivel de vida de sus habitantes, procurando el mayor nivel de empleo y de cohesión social" (González y Martín, 2009, p. 46).

paradigma de la competitividad. En el primero de ellos las personas deben competir en un entorno académico desde una muy temprana edad para obtener los tan anhelados avales institucionales que certifiquen la adquisición de ciertas capacidades. En el segundo, encontramos un panorama en donde los distintos Estados se encuentran inmersos en una determinada y desventajosa división internacional del trabajo (Romero, 2007), un panorama en donde las empresas compiten entre sí, y en donde encontramos todo tipo de posturas competitivas e impositivas no solo desde las mismas negociaciones de los tratados de libre comercio sino desde las mismas prenegociaciones que los llevan a cabo.

Pero eso sí, sea cual sea la idea de bienestar o de desarrollo que se tenga, lo cierto es que la competitividad parece ser desde hace mucho tiempo un valor central en la opinión pública, tanto así que competitivo es sinónimo de alto rendimiento y alta innovación. Aunque bien podría arriesgarme a decir que muy seguramente no lo es tan así en la opinión personal o en el ámbito individual, que es uno de los ámbitos donde más se sienten las presiones que un mundo tan concentrado en el valor de la competitividad suele imponer a las personas. Aun así, cabe decir que la competitividad se encuentra impuesta actualmente como paradigma, es decir, como una constelación de creencias, valores y técnicas que sirven como modelo explicativo de la realidad y que es compartido por las más altas esferas institucionales (Kuhn, 2005). Si las principales instituciones supranacionales consideran los valores competitivos como los más importantes para obtener altos índices de bienestar y para orientar todas las relaciones sociales, así mismo será considerado por la gran mayoría de la población, aun a pesar de las presiones y los descontentos. No olvidemos que en gran medida:

Es la naturaleza convencional de las instituciones y de las prácticas sociales lo que determina el comportamiento colectivo. Por esto, la comprensión de la conducta individual requiere un análisis del contexto institucional en el que ocurre y del diseño cultural subyacente, y requiere un estudio de las prácticas culturales para identificar las funciones involucradas en dicho diseño (Sandoval, 2012, 183).

Es un hecho, las principales instituciones de la actualidad contemplan la competitividad como valor y mediante la influencia de ellas[2], las personas son instadas a contemplarla

---

[2] La influencia de las instituciones sobre las personas, en cuanto a lo que se refiere a la imposición de códigos sociales y culturales, es realmente enorme. Al respecto, autores como Bronfenbrenner (1977, 1987) ya han teorizado en sus obras varios modelos explicativos y analíticos originalmente aplicados para describir las influencias sociales sobre el desarrollo humano. El autor mencionado, por ejemplo, "parte de

como tal. Eso, a pesar de que todos poseemos altas capacidades de crítica y de libre discernimiento de la realidad (Boltanski y Thévenot, 1991), para enfocar el mundo y la realidad social desde muchas otras perspectivas. Es decir, el ámbito institucional, y más exactamente el ámbito de los valores, es un poderoso agente capaz de determinar la estructura social.

No olvidemos que muchos teóricos han afirmado que es el modo de producción el que determina la estructura social, no obstante, lo cierto es que hoy por hoy vivimos en un mundo hipermoderno donde, en principio, el espacio jurídico y constitucional está por encima de las relaciones de producción,. y en donde cualquiera, por ejemplo, puede producir algo en el campo del conocimiento. Por otra parte, la opinión pública es hoy en día un poderoso agente social y el espacio jurídico y las políticas se diseñan teniéndola en cuanta. De modo que los valores son los que determinan la estructura social, o siquiera la parte más significativa de ella, el problema aquí, es que no me estoy refiriendo propiamente a los valores de todos los grupos humanos por igual, o de un determinado grupo, sino a los valores de unas determinadas instituciones. Hoy en día son las relaciones en el ámbito institucional global las que moldean la estructura social de las distintas sociedades (un país poderoso decide, por ejemplo, si entrar o no a otro país para invadirlo, el FMI o el Banco Mundial, por su parte, crean programas de restructuración económica que generan grandes focos de economía sumergida (Sassen, 2003), las cortes internacionales ultiman disputas entre Estados, y muchos otros hechos y fenómenos de similar envergadura).

Ahora bien, hay que tener en cuenta que en los grandes ámbitos institucionales todavía se maneja un concepto de desarrollo basado en la teoría de la modernización, que como paradigma, de acuerdo con Jean-Philippe Peemans (1992), es aquella postula al desarrollo como emergencia de un sector moderno dentro de una sociedad tradicional, calificada, por su parte, de estancamiento y de insuficiente dominio técnico del medio natural. Un concepto de desarrollo todavía imperante y puede que más fuerte y vigente que nunca, que se hace pasar por universal y que insta a las distintas sociedades a competir duramente por el dominio y la innovación técnica.

---

la idea de que los ambientes sociales reales son la principal fuente de influencia sobre el comportamiento humano, y que esos entornos a su vez poseen una gran cantidad de relaciones, las cuales explican la estructura que poseen los contextos inmediatos que afectan directamente a las personas de una sociedad" (Sandoval, 2012, p. 183).

El medio ambiente y la idea hegemónica de desarrollo sustentable

Como se ha dicho con cierta brevedad en líneas anteriores, la Naturaleza ha sido una de las más grandes damnificadas a causa de las dinámicas comerciales actuales, es decir, a causa de un sistema económico que elabora productos en masa y que contempla a la competitividad como paradigma o pilar principal. En torno a ello, se dice que desde hace muchos años el sistema productivo industrial ha hecho grandes esfuerzos para introducir a la Naturaleza dentro del mercado. Se dice de igual forma que esa tendencia ha generado una enorme cantidad de problemas, desde las dificultades en asignar un precio a la Naturaleza misma, a caer en posiciones donde es económicamente ventajoso y conveniente destruir el medio ambiente (Rivera y Baeza, 2012).

Ante esta cuestión, hay que decir que el problema, a fin de cuentas, "no es usar los elementos de la naturaleza, sino que algunas de las actividades humanas no permitan que siga funcionando y brindando beneficio a las sociedades (Rivera y Baeza, 2012, p. 27). Afortunadamente, desde hace unas dos décadas el término de desarrollo sostenible, perdurable o sustentable, ha ido convirtiéndose poco a poco en la guía orientadora desde la cual las distintas sociedades deberían relacionarse de una forma adecuada con el medio ambiente. Dicho término se aplica al desarrollo socioeconómico y fue formalizado por primera vez en el documento conocido como Informe Brundtland (Brundtland, 1987, citado por Rivera y Baeza, 2012) fruto de los trabajos de la Comisión Mundial de Medio Ambiente y Desarrollo de Naciones Unidas, creada en Asamblea de las Naciones Unidas en 1983. Dicha definición se asumiría en el Principio 3° de la Declaración de Río (1992) (Rivera y Baeza, 2012).

El desarrollo sustentable o sostenible, tal y como se contempla desde hace varios años, consiste en: *Satisfacer las necesidades de las generaciones presentes sin comprometer las posibilidades de las del futuro para atender sus propias necesidades.* (Fundación Wikimedia, 2012)[3].

Sin embargo, hay que tener en cuenta que el desarrollo sustentable o sostenible no es un modelo acabado, por lo que "no se trata de una receta en la que se deban seguir pasos

---

[3] Se dice que una adecuada ética sustentable debe contemplar, en cuanto a lo que al accionar diario de las personas se refiere, todo un conjunto de acciones efectivas cuyo fin es asegurar los recursos naturales y socioculturales que garantizan el bienestar presente y futuro de la humanidad (Corral-Verdugo, 2010; Corral- Verdugo & Pinheiro, 2004, Sandoval, 2012).

para resolver los problemas creados durante años de sobreexplotación de la naturaleza, sino más bien incluye varias ideas que orientan a los países para cambiar su forma de desarrollarse, de acuerdo a sus posibilidades y necesidades" (Rivera y Baeza, 2012, p. 28).

Ahora bien, partiendo de lo anterior, bien podríamos aventurarnos a afirmar que el concepto de desarrollo sustentable se ha ido construyendo y configurando, en gran parte, de acuerdo a los intereses de ciertos grupos sociales, pues se desprende del concepto de *desarrollo* como salida de lo tradicional, o como la emergencia de un sector moderno y tecnificado. El concepto de desarrollo sustentable se desprende, por tanto, de un concepto hegemónico de desarrollo, aun cuando aboga, afortunadamente, por un cierto respeto hacia el medio ambiente y la Naturaleza en general. De hecho, no es del todo desconocido que muchas personas perciben desde sus opiniones personales, que tras las políticas que hablan del medio ambiente, existen toda clase de intereses sociales. Se dice incluso que "ante el cambio climático, la población percibe que la política dirigida a mitigar los efectos de este problema de escala global es una especie de "suprapolítica" disociada de las acciones regionales/locales (Moyano y otros, 2009, p. 681), y ello es así porque el desarrollo es un concepto disociado de lo local. Tanto el concepto de desarrollo técnico, como su igual en el ámbito ecológico, es decir, el de desarrollo sustentable, se basan en la experiencia de las naciones hoy en día conocidas como "desarrolladas", o de primer mundo. Una experiencia que da primacía al concepto de competitividad como valor primordial.

Se dice que la mayor o menor gravedad con que los ciudadanos perciben los cambios producidos en el medio ambiente a nivel global y el grado de importancia que otorgan a su resolución —o al menos a la necesidad de mitigar sus efectos— es, a fin de cuentas, un asunto de gran relevancia (Moyano y otros, 2009). Es más, se puede llegar a afirmar que hoy por hoy la opinión pública es un poderoso agente trasformador y que sus percepciones son sumamente cruciales y decisivas en el escenario social. Además, también se ha llegado a decir que es un hecho que el éxito de muchas de las acciones públicas destinadas a luchar contra los cambios negativos en el medio ambiente, "depende de la implicación de la ciudadanía, y eso varía según cómo los perciba y valore la población en cada territorio" (Moyano y otros, 2009, p. 682). No obstante, lo cierto es que la ciudadanía vive bajo el paradigma de la competitividad como valor (un paradigma que es inculcado por las principales instituciones a nivel global), partiendo de ahí, puede resultar muy difícil culpar a los agentes sociales de no involucrarse lo suficiente en lo que respecta a las políticas ambientales. Porque es muy sabido que entre la población mundial existe mucha indiferencia hacia cuestiones de vital importancia como lo es la preservación del entorno natural.

Tomando en cuenta lo anterior, se podría llegar a afirmar que para involucrar a la ciudadanía y a la opinión pública en el respeto hacia el medio ambiente, hay que cambiar, entre muchas otras cosas, todos los esquemas paradigmáticos del desarrollo. Hay que cambiar un gran número de aspectos y fenómenos que nos caracterizan actualmente como sociedades consumistas. Un cambio que no se debe aplicar solamente en las personas desde su reflexibilidad y responsabilidad particular, puesto que las principales instituciones también deben cambiar o sustituir a la competitividad como uno de los pilares principales de las dinámicas actuales en el orbe. Deben cambiar a la competitividad e inculcar un nuevo valor en la ciudadanía.

Pero, ¿qué tan difícil podría llegar a ser el cambiar a las principales instituciones del mundo de hoy para que inculquen un valor más cooperativo y mucho más solidario que el de la competitividad, sin abandonar, claro está, los efectos positivos que el ser competitivo genera? La respuesta a una pregunta tal es una cuestión sumamente incierta. Pero eso sí, hay que creer y confiar en que nuestras sociedades actuales pueden experimentar cambios sin apelar a desórdenes, sino a la gradual trasformación de las estructuras institucionales de mayor reconocimiento e importancia.

Por ahora, en torno a la cuestión ambiental, es necesario tener presente que la naturaleza es una realidad tanto social como física, de forma que logremos trascender "el código binario que nos obliga a ver la naturaleza como el conjunto de condiciones materiales de nuestra existencia *o* como una serie de símbolos culturalmente generados, para aceptarla como *ambas* cosas" (Arias, 2011, 290). Por otra parte, no hay que olvidar que sea cuales sean los valores que predominen en nuestras principales instituciones, la educación ambiental debe ser un eje fundamental de la sociabilidad, y que dicha educación debe presentarse en diferentes espacios de la vida, y no limitarse únicamente a los ámbitos meramente escolares (Sandoval, 2012).

Hipermodernidad y competitividad global

La competitividad como noción es sumamente compleja. Hace alusión a un concepto muldimensional que no es nuevo, no obstante, el contexto en el que se ubica hoy en día, y las fuentes que la alimentan, sí lo son (Solleiro y Castañón, 2012). El contexto actual, cabe recordar, en el plano social, se caracteriza por relaciones humanas fugaces, pasajeras o líquidas, en los términos del sociólogo polaco Zygmunt Bauman (2005). En el plano económico se caracteriza por la desflexibilización de los mercados de trabajo y por una desigual división internacional de las relaciones económicas por la cual las empresas de unos países se colocan por encima de la de otros. Finalmente, en un plano general, podemos decir que vivimos en una época de globalización en donde un elemento clave es la informatización. En un contexto tal, la competitividad puede adoptar unas formas muy específicas. La competitividad es un valor central, pero en la práctica se presenta de manera muy desigual.

Ahora bien, esos elementos que caracterizan nuestra época dan lugar a lo que provisoriamente, y para los fines del presente texto, presentaré como la hipermodernidad. Prefiero dicho término en lugar de posmoderidad, porque si bien es cierto que muchos de los llamados metarrelatos como la religión o la ciencia, han perdido en algo su capacidad para presentarse como absolutos del todo indiscutibles, lo cierto es que el *poder* o la misma competitividad, son grandes metarrelatos que casi nunca cuestionamos y que llevamos muy interiorizados en nuestros esquemas mentales. Por lo que no se cumpliría una de las condiciones que de acuerdo a Jean Francois Lyotard (1979), haría parte de lo que sería la posmodernidad, es decir, la pérdida de vigencia de los grandes discursos de la modernidad (claro, sucede que desde hace unos años sólo han perdido algo de vigencia aquellos fenómenos que podríamos llamar *hechos saturados*, que, en las presentes líneas, son aquellos que de tanto presentarse en los esquemas sociales terminan perdiendo gran parte de su impulso simbólico). Por otra parte, el prefijo *hiper* significa superioridad o exceso, por lo que se adapta un poco a la conceptualización de una época que aún mantiene esquemas modernos y formas de producción modernas, pero con nuevos fenómenos que la rebasan. Fenómenos que se desglosan de las TIC y de la informatización.

En un mundo que provisoriamente podríamos llamar *hipermoderno*, por tanto, la competitividad no solo se presenta en las relaciones de libre mercado. La información es un elemento crucial de la vida actual y en torno a ella se presentan en los días que corren una gran cantidad de exclusiones sociales. Porque una de las principales formas de sometimiento de los actuales tiempos es la exclusión, en lugar de las viejas formas de sometimiento directo de esclavo-señor o de patrón-obrero. Por eso mismo se dice que el dominio y el sometimiento han adoptado formas difusas ante las cuales es muy difícil manifestarse (García, 2010) (a duras penas los ciudadanos pueden manifestarse en contra políticas o decretos de gobierno muy concretos sin saber qué relaciones estructurales hay detrás, una práctica, esta de la manifestación, que cada día se torna más usual ante lo poco que a fin de cuentas pueden hacer los ciudadanos para defender sus derechos).

De modo que la competitividad es un valor o paradigma principal, y en un mundo informatizado en donde cada cierto lapso de tiempo realmente corto surgen nuevos fenómenos sociales, lo cierto es que con ello surgen, a su vez, nuevas formas de competitividad. No olvidemos que como orientación productiva a nivel empresarial y de innovación, la competitividad es irremplazable y podría decirse que absolutamente necesaria para obtener mejores estándares de productos y mejoras a la sociedad, pero como principal valor institucional del capitalismo, deja mucho que desear.

Y es que la competitividad, en estos días que corren, se encuentra en una fase realmente salvaje que pretende pasar por humana. De hecho, en torno a ella se encuentran los principales valores y elementos sociales de la actualidad. Más adelante, a manera de ejemplo, se encuentran algunos elementos que hacen parte del índice de competitividad del Foro Económico Mundial e incluso de la misma sociabilidad y de las relaciones económicas del mundo de hoy. Dichos elementos, de dicho índice, son los siguientes:

Instituciones (marco legal y administrativo).
Infraestructura.
Ambiente macroeconómico.
Salud y educación primaria.
Educación media superior y superior, entrenamiento.
Eficiencia de los mercados de pro-ductos.
Eficiencia del mercado laboral.
Desarrollo del mercado financiero.
Tamaño del mercado.
Sofisticación de los negocios.
Innovación.

Como bien se puede apreciar muchos valores, y el mismo entendimiento del desarrollo y la calidad de vida, se desprenden del concepto de competitividad. Un concepto que no contempla como se debería a la cooperación. Es más, la cooperación en todas sus facetas y manifestaciones ni siquiera es mencionada como se debería en el índice anteriormente expuesto, lo que es enormemente contraproducente porque a mi modo de ver, debería ser la cooperación o un valor similar el que reemplace a la competitividad como valor o paradigma principal del capitalismo. Es decir, como propuesta argumentativa, creo que las principales instituciones suapranacionales deberían cambiar paulatinamente el valor de la competitividad como factor paradigmático de la economía actual, por lo que se podría llamar una *cooperación integral*, entendida esta en sus acepciones más muldidimencionales que serían, a su vez, sus acepciones más complejas. Es decir, una cooperación cuyos accionares se desenvuelvan en múltiples dimensiones de la vida humana y social.

Eso, en otras palabras, quiere decir que la idea sería que no sólo el mercado y la misma noción de eficiencia y rendimiento e innovación giren en torno a que las empresas y los Estados sean altamente cooperativos (en lugar de mantener una desigual división internacional del trabajo y de las fuerzas productivas), sino que las mismas personas en sus códigos sociales y culturales le apuesten más a la cooperación que a la competitividad. Que el ser de una determinada religión, o de una determinada ideología, o incluso de un determinado equipo de futbol, no sean factores para que haya competitividad sino cooperación.

Además, hoy en día, cuando se habla de integración, se hace referencia a una integración entre economías regionales, un entendimiento de la cooperación, sin duda, con una visión bastante limitada y en la que, no obstante, hay en juego toda clase de intereses políticos y particularistas. Finalmente, hay que decir que es muy difícil conceptualizar lo que debería de ser una adecuada cooperación integral, no obstante, la propuesta aquí presentada, se basa en la idea de que la competitividad es un valor que nos separa como especie humana en lugar de unirnos y nos pone a combatir los unos con los otros. La idea es la de que factores como la innovación no deben porque adscribirse necesariamente en los esquemas teóricos y en la práctica al paradigma de la competitividad. La idea, por último, es que el pensar, el vivir y el ser educados para ser cooperativos puede llegar a evitar muchas exclusiones y discriminaciones de distintos grupos humanos y puede crear un entorno más igualitario. No olvidemos que en un sistema competitivo, al ganar una parte, otra casi siempre tuvo que haber perdido algo.

Conclusión

No es necesario dejar de medir el crecimiento de las naciones o de los Estados en base al rendimiento competitivo de la productividad, para lograr un mundo más cooperativo. Sin embargo, sí habría que dejar que todas las relaciones y todo el ancho espectro de metas humanas deje de girar en torno al valor de lo competitivo, para orientar de esa forma a nuestras sociedades hacía una economía más igualitaria, y sino, por lo menos más cooperativa. Eso sí, sería una gran reducción de la complejidad y las distintas facetas de lo humano el que se mediera la calidad de vida en base al rendimiento de la productividad, aun cuando en la actualidad el estándar de vida está estrechamente ligado a ella. Por fortuna, desde hace unos cuantos años, para la medición de la calidad de vida de las personas, Naciones Unidas ha venido utilizando el término de *bienestar*, y su base son las oportunidades. No obstante, esa forma de contemplar el crecimiento de la calidad de vida también resulta insuficiente por varias razones que escapan a los fines del presente texto, pero entre las que se encuentran el no contemplar el entorno laboral (Guerrero, 2013). Por otra parte, aun cuando se hable de oportunidades, y se dejen atrás los reduccionismos económicos, es una realidad innegable que las personas debemos luchar por las oportunidades en un entorno competitivo y altamente excluyente, y más aún si se carece de influencias y recursos económicos.

Otro hecho innegable, es que hoy en día las personas son educadas desde una muy corta edad para adaptarse a los tejemanejes y a los azares de un mundo competitivo. Ello es así porque la competitividad se adscribe a un entorno institucional fuertemente anclado en todos los campos sociales y de índole internacional, y en torno a ella, cabe decir, giran múltiples intereses de ciertos grupos hegemónicos. Es decir, la competitividad es un paradigma, y de ella se desprenden hoy por hoy todos los demás valores y cualidades de nuestras sociedades. Valores y cualidades sociales como la innovación, la calidad de vida, el mismo desarrollo sustentable, las relaciones humanas y hasta la misma cooperación entre grupos humanos y personas. La idea, por tanto, es la de que algún día el paradigma principal pueda ser el de la cooperación y que todos los demás valores y cualidades sociales se desprendan de dicho concepto o de dicho enfoque. Algo muy difícil de lograr, porque ello, claro está, podría poner en riesgo otro paradigma mucho más dominante y hegemónico, quizás el más dominante y hegemónico de todos, que es el paradigma del poder.

Ahora, no hay que olvidar que muchos teóricos y muchas personas del común, opinan y sostienen que abandonar la competitividad podría implicar que se pierda gran parte de los incentivos que existen para que las personas y las empresas deseen innovar (no la capacidad de innovación en sí, la cual siempre puede ser redirigida institucionalmente desde un nuevo marco de valores si la competitividad ya no fuera tan relevante como lo es hoy en día). Sí, eso afirman quienes defienden por una u otra razón los marcos sociales más competitivos. De hecho, se ha llegado a decir y a opinar desde múltiples medios, que sin el impulso avasallador de lo competitivo, se perdería en gran parte el interés por movilizar grandes factores de producción, las redes de flujos sociales perderían gran parte de su dinamicidad (lo que en un entorno hipermoderno con TIC y con información en tiempo real y otras dinámicas de similar factura, todavía cabría revisar y cuestionarse). Se ha llegado a decir, o siquiera se intuye, que perder los incentivos para querer innovar sumiría a las sociedades en un periodo de oscurantismo (lo que, con las actuales tecnologías también cabría cuestionarse). De cualquier forma, lo cierto es que la competitividad está marginando y excluyendo a gran parte de la población mundial, está menoscabando la importancia del medio ambiente y nos está separando como personas que debemos propugnar por la solidaridad y la cooperación desinteresada entre todos nosotros. Debido a ello, a veces no deja de surgir la pregunta de si aun cuando se perdiera el interés por innovar y muchas otras cosas por el estilo, sin un esquema social altamente competitivo, ¿no valdría ello la pena? ¿No sería conveniente, llegado el caso, sacrificar ciertos aspectos de la realidad actual en pro de una convivencia menos excluyente y más humana?

Bibliografía

- Arias Maldonado, Manuel. (2011). Hacia un constructivismo realista: de la naturaleza al medio ambiente. *ISEGORÍA. Revista de Filosofía Moral y Política. N° 44,* enero-junio, 2011, 285-301.

- Bauman, Zygmunt (2005). *Amor líquido: Acerca de la fragilidad de los vínculos humanos.* México. Fondo de Cultura Económica.

- Boltanski, L, y Thévenot L. (1991). *De la justification,* Paris: Gallimard.

- Corral-Verdugo, V. (2010). Psicología de la Sustentabilidad: un análisis de lo que nos hace pro ecológicos y pro sociales. México: Trillas.

- Corral-Verdugo, V. & Pinheiro, J. (2004). Aproximaciones al estudio dela conducta sustentable. *Medio Ambiente y Comportamiento Humano, 5,* 1-26.

- Galindo, Miguel-Ángel y Méndez, María Teresa. (2011). La actividad emprendedora y competitividad: factores que inciden sobre los emprendedores. *Papeles de Europa 22* (2011): 61-75.

- García Casado, David (2010). La resistencia no es modelo sino devenir. Crítica de lo radical contemporáneo. *Revista Estudios Visuales.* Pp. 91-99.

- González Laxe Fernando y Martín Palmero Federico (2009). Atractividad y competitividad económica de los territorios. *Boletín económico de ice n° 2966 del 1 al 15 de junio de 2009.*

- Kuhn, Thomas S. (2005). *La estructura de las revoluciones científicas.* Fondo de Cultura Económica de España.

- Lyotard, Jean-François (1979). *La condition postmoderne: rapport sur le savoir.* Paris: Minuit.

- Moyano Eduardo, Paniagua Ángel y Lafuente Regina (2009). Políticas ambientales, cambio climático y opinión pública en escenarios regionales. El caso de Andalucía. *Revista Internacional de Sociología (RIS). Vol.67, n° 3, Septiembre-Diciembre, 681-699.*

- Peemans, Jean-Philippe, (1992) Revoluciones industriales, modernización y desarrollo, En: Revista Historia y crítica 06, enero-junio de 1992, Revista del Departamento de Historia de la Universidad de los Andes, pp. 15-33.

- Rivera Henríquez, María Valentina y Baeza Herrera, Teresa Alejandra (2012). Desarrollo sustentable en Latinoamérica. RIAT REVISTA INTERAMERICANA DE AMBIENTE Y TURISMO. VOLUMEN 8, NÚMERO 1, P. 26-33.

- Romero, Alberto. (2007). La globalización y su impacto en el desarrollo humano. Entelequia. Revista Interdisciplinar, n° 5, otoño 2007. P 247-271.

- Sandoval Escobar, Marithza. (2012). Comportamiento sustentable y educación ambiental: una visión desde las prácticas culturales. *Revista Latinoamericana de Psicología Volumen 44 No 1* pp. 181-196.

- Sassen, Saskia. (2003). Contrageografías de la Globalización. Género y ciudadanía en los circuitos transfronterizos. *Madrid: Traficantes de sueños.*

- Solleiro Rebolled, José Luis y Castañón Ibarra, Rosario (2012). Competitividad, innovación y transferencia de tecnología en México. *INNOVACIÓN Y COMPETITIVIDAD Noviembre-Diciembre 2012. N.o 869.* Pp. 149- 161.

Referencias bibliográficas extraídas de Internet:

- Guerrero Ramos, Miguel Ángel. (2013). *Hacia un entendimiento más humano y estructural de la ciudadanía globalizada.* Grin.com: http://www.grin.com/es/e-book/264508/hacia-un-entendimiento-mas-humano-y-estructural-de-la-ciudadania-globalizada